**Ideen
Techniken
Beispiele**

Peter Stranghöner

Arbeiten mit Papier und Karton
Kästchen, Mappen, Bücher...

CALLWEY SPEZIAL

Bildnachweis

Alle Abbildungen für dieses Buch wurden von Heiko Schröder, München, aufgenommen. Die Zeichnungen fertigte der Autor an.

Die Deutsche Bibliothek –
CIP-Einheitsaufnahme
Arbeiten mit Papier und Karton: Kästchen, Mappen, Bücher .../ Peter Stranghöner. Mit Aufnahmen von Heiko Schröder. – München : Callwey 1993
(Callwey creativ : spezial)
ISBN 3-7667-1078-8
NE: Stranghöner, Peter; Schröder, Heiko

© 1993 by Georg D. W. Callwey
GmbH & Co., München
Alle Rechte vorbehalten, auch die des auszugsweisen Abdruckes, der photomechanischen Wiedergabe und der Übersetzung
Einband und Reihengestaltung
Germar Wambach, München
Satz   Filmsatz Schröter GmbH, München
Lithos   CS Repro-Dienst, Singapur
Druck und Bindung   EBS, Verona
Printed in Italy 1993
ISBN 3-7667-1078-8

INHALT

6 **Einleitung**

7 **Werkzeug und Materialien**
8 Werkzeug
8 Hilfsmittel
8 Materialien
9 Das Bestimmen der Laufrichtung
9 Klebstoff

11 **Passepartout**
11 Material
11 Genaue Maßangaben
12 Schritt-für-Schritt

14 **Mappe für Grafik- oder Fotoserie**
14 Material
14 Genaue Maßangaben
15 Schritt-für-Schritt

17 **Leporello-Fotoalbum**
17 Material
17 Genaue Maßangaben
18 Schritt-für-Schritt

20 **Farbige Notizbücher**
20 Material
20 Genaue Maßangaben
21 Schritt-für-Schritt

26 **Notenhefte mit farbigen Umschlägen**
26 Material
26 Genaue Maßangaben
26 Schritt-für-Schritt

31 **Fotoalbum**
31 Material
31 Genaue Maßangaben
32 Schritt-für-Schritt

35 **Farbige Zettelkästen**
35 Material
35 Genaue Maßangaben
36 Schritt-für-Schritt

38 **Sammelkassette für Kinderbilder oder Zeichnungen**
38 Material
38 Genaue Maßangaben
39 Schritt-für-Schritt

44 **Flexible Lederumschläge**
44 Material
44 Genaue Maßangaben
44 Schritt-für-Schritt

45 **Buchkonfekt**
45 Genaue Maßangaben

46 **Farbige Papiere, selbst hergestellt**
46 Material
46 Schritt-für-Schritt

47 **Papierumschläge**
47 Material
47 Genaue Maßangaben
48 Schritt-für-Schritt

49 **Bunte Sterne, aus vier Papierstreifen hergestellt**
49 Material
49 Genaue Maßangaben
49 Schritt-für-Schritt

55 **Ausgeführte Arbeiten**

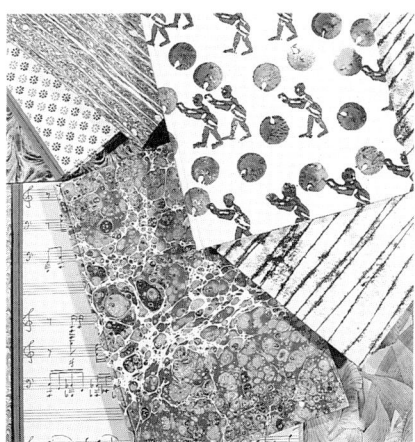

EINLEITUNG

Immer wieder kommen Menschen, die sich ein erstes Mal in Techniken einfacher buchbinderischer Papierarbeiten versucht haben, in meine Werkstatt, um Rat und Hilfe bei der Fertigstellung ihrer häufig mit großem Enthusiasmus begonnenen Werke zu erhalten. Leider ist nicht alles so einfach zu beenden, wie es zunächst ausgesehen hat, aber wenn man von Anfang an einige wichtige Grundregeln beachtet, ist der Weg zum Erfolg praktisch schon beschritten – und es bleibt nicht nur als letzter Ausweg, am Ende recht unbefriedigende Korrekturen auszuführen.

Es sollen in diesem Buch die einfachen Arbeiten des Buchbinders, wie sie mit Papier und Gewebe überzogene Kästchen, Mappen und Bücher darstellen (die zudem ohne größere technische Hilfsmaßnahmen herzustellen sind), beschrieben werden, und ich will versuchen, mit anschaulichen Erläuterungen dem Amateur zu einem zufriedenstellenden Ergebnis zu verhelfen.

Alle Zuschnitte können mit Lineal und Schneidmesser zugeschnitten und mit einfachem Werkzeug weiterverarbeitet werden. Natürlich kann sich jeder seine gewünschten Größen selbst vorgeben: Sollten Sie jedoch zum ersten Mal die ein oder andere Technik ausprobieren, finden Sie zu jedem einzelnen Themenkomplex ganz genaue Maßangaben, an die Sie sich halten können. Andere Maße lassen sich daraus (als Verhältnisrechnung) leicht ableiten.

Trauen Sie sich den Zuschnitt der einzelnen Teile (der Buchbinder nennt sie Nutzen) anfangs nicht selbst zu, können Sie diese nach den Angaben in einer Fachwerkstatt mit der Pappschere oder der Schneidemaschine zuschneiden lassen. Diese Teile lassen sich dann kreativ weiterbearbeiten, variabel verbinden, mit Textilien überziehen und vieles anderes mehr.

Alles Material ist im Schreibwarenfachhandel, im Bastelladen und beim Buchbinder zu erwerben; größere Mengen bezieht man im Buchbinderei-Fachbedarf.

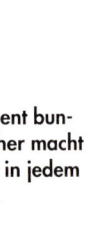

6 Ein Sortiment bunter Notizbücher macht sich sehr gut in jedem Bücherregal.

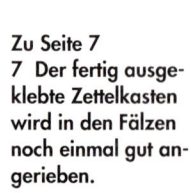

Zu Seite 7
7 Der fertig ausgeklebte Zettelkasten wird in den Fälzen noch einmal gut angerieben.

WERKZEUG UND MATERIALIEN

Der *Arbeitsplatz* sollte sich möglichst in der Nähe einer Lichtquelle befinden. Wichtige Voraussetzung für bequemes Arbeiten ist ein fester, stabiler Tisch, der groß genug ist zum Ablegen der Materialien und Werkzeuge.

Zu den Schneidwerkzeugen gehört das *Messer,* zum Schneiden von Papier, Karton, Pappe und Gewebe. Man sollte bedenken, daß stumpfe Messer und Scheren große Anstrengungen bei der Arbeit erfordern, schnell kostbare Materialien unbrauchbar machen und die Freude an der Arbeit verderben.

Ahle und *Messer* sollten gut bearbeitete Griffe haben, damit keine Verletzungen auftreten. Als Schneidmesser eignet sich ein sogenannter Cutter, dessen Messer zum Abbrechen ist. So hat man immer eine scharfe Klinge zum Schneiden.

Das *Falzbein* ist aus Knochen hergestellt, und man kann es, wenn nötig, mit feinem Schleifpapier in die gewünschte Form bringen. Zweckmäßig für die Arbeit sind zwei verschiedene Größen. Das Falzbein ist das am häufigsten benützte Werkzeug. Es wird zum Umfalzen eines Bogens, beim Glattstreichen des Falzes und zum Anreiben der aufzuklebenden Gewebe- und Papiernutzen verwendet. Ebenso beim Einziehen der Ecken und beim Einreiben des Falzes.

Als *Schneidunterlage* verwendet man am einfachsten eine feste, planliegende Graupappe. Diese gibt es im Originalformat 70 x 100 cm. Sie kann dem Arbeitstisch entsprechend zugeschnitten werden. Als Lineal benutzt man ein dünnes Stahllineal. Als Schwamm eignet sich am besten ein Viskoseschwamm, da er keine Wasserstreifen hinterläßt.

Auch Fehler in der Verarbeitung lassen sich vermeiden, wenn man die Eigenschaften der Materialien kennt:

Die beiden wichtigsten sind dabei *die Beachtung der Laufrichtung* des Papiers und *das richtige Kleben*. Alle technischen Raffinessen der Papierherstellung können nicht verhindern, daß sich die Papierfasern vorwiegend längs zur Siebrichtung ablagern. Damit bekommt das Papier seine Laufrichtung. In der Laufrichtung ist das Papier steifer und fester, quer ist es dehnfähiger und quillt leichter auf. Wenn ein Bogen feuchtgemacht wird, dehnt er sich quer etwa drei- bis viermal so viel wie in der Laufrichtung.

Sobald das feuchte Papier wieder trocken wird, kehrt sich der Vorgang entsprechend um. Daher ist zu berücksichtigen, daß alle am Buch verarbeiteten Papiere und Pappen die gleiche Laufrichtung haben: immer parallel zum Buchrücken! Papier und Karton lassen sich dann leichter falzen und brechen nicht. Bei falsch gewählter Laufrichtung entstehen Falten.

Schon beim Einkauf der Papiere und Kartons ist auf wichtige Qualitätsmerkmale zu achten: Es sollte holzfreier Karton zur Verarbeitung hergenommen werden, da dieser nicht vergilbt. Bogen-Formate gibt es entweder in *Breit- oder Schmalbahn*. Schmalbahn bedeutet, hier liegt die schmale Seite des Bogens in der Bahnbreite der Papiermaschine. Umgekehrt ist es bei Breitbahn, hier liegt die breite Seite des Bogens in der Bahnbreite der Papiermaschine. Aus diesem Grunde wird die Laufrichtung vom Hersteller am abgepackten Papier-Paket gekennzeichnet. Entweder durch einen Pfeil → oder durch Unterstreichen der Formatseite (70 x 100).

Holzfreie Papiere haben keinen oder nur einen geringen Zusatz von Holzschliff. Obwohl diese Papiere eigentlich auch aus Holz hergestellt werden, ist die Bezeichnung »holzfrei« durchaus berechtigt, da das Endprodukt infolge der chemischen Umwandlung nichts mehr mit dem Ausgangsprodukt Holz zu tun hat.

Graupappe wird hauptsächlich aus Altpapier hergestellt und ist in ihrer Qualität sehr verschieden. Billige Sorten werden als Packmaterial verwendet, bessere finden Verwendung als Buchbinderpappe.

Werkzeug
Lineal Ahle
Winkel Zirkel
Messer Nadel
Falzbein Pinsel
Schere

Hilfsmittel
Schwamm Holzpappen
Schneidunterlage Gewichte
Schleifpapier

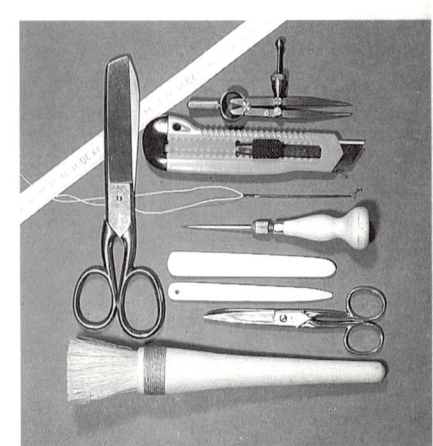

8 Die wichtigsten Buchbinderwerkzeuge.

Materialien

Papier	Stärke: g/qm*	Verwendung
Schreibpapier	80	Buchblock, Notizzettel
Vorsatzpapier	120	Verbindung von Buch und Deckel
Überzugpapier	100–120	Buchdeckel, Kassette, Kasten, Fotoalbum
Packpapier	80–100	Gegenkaschierung, Zusammenhängen der Buchdeckel
Tonpapier	100	farbige Sterne
Japanpapierstreifen Filmoplast P 90		Zusammenhängen, Verstärken der Fotokartonblätter

* Flächengewicht auf 1qm bezogen, in Gramm

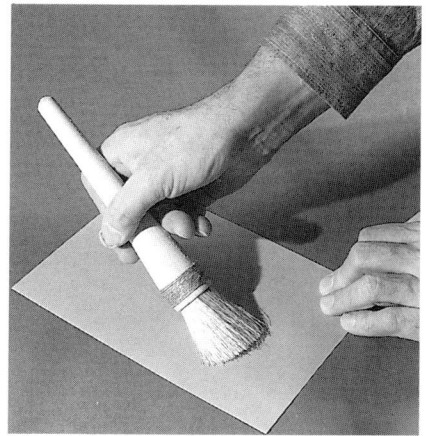

9 Das Einstreichen eines Papiers mit Klebstoff.

Karton	Stärke: g/qm	
Fotokarton	150–300	Fotoalbum, Leporello, Passepartouts
Umschlagkarton	250	Noten
Schrenz (Karton)	150–250	Rückeneinlage

Pappe	Stärke: mm	
Graupappe	1–2	Buchdeckel, Kästen
Holzpappe	1–2	Einlagen zum Trocknen, Passepartout-Rückwand

Zu achten ist auf Laufrichtung, Breit- oder Schmalbahn, Gewicht, Stärke.

Gewebe	
Mattgewebe	Buchrückenüberzug
Heftgaze/Hinterklebstoff	Buchblockverstärkung
Heftzwirn	Notenfadenheftung
Ziegenspaltleder	Lederumschlag, Buchkonfekt
Leim Buchbinderklebstoff	für alle Klebearbeiten

Holzpappe wird aus weißem Holzschliff ohne Zusätze hergestellt, ist ein wenig porös und bricht leicht. Sie verzieht sich weniger als Graupappe und hat ein geringeres Gewicht. Besonders geeignet für Bastelarbeiten ist finnische Holzpappe. Sie wirft sich nicht, ist aus zusammengeklebten Schichten hergestellt und besonders glatt.

Mattgewebe besteht aus Baumwolle und ist rückseitig appretiert oder mit Seidenpapier kaschiert. Auf der Vorderseite ist der Gewebecharakter gut zu erkennen. Mattgewebe gibt es in vielen schönen Farben.

Beim Schneiden der Nutzenhöhe aus der Geweberolle sollte die Höhe parallel zur Webkante laufen.

Das Bestimmen der Laufrichtung
Dazu gibt es folgende geeignete Methoden, die an einem Musterbogen getestet werden können: das Einreißen, das Befeuchten und das Biegen.

Reißprobe:
Man reißt das Papier einmal längs und einmal quer ein. Parallel zur Laufrichtung reißt es leichter und geradlinig.

Feuchtprobe:
Man befeuchtet die Längs- und die Querseite des Papierbogens. Parallel zur Laufrichtung rollt sich das Papier ein.

Biegeprobe:
Bei stärkeren Papieren und Kartons ist diese Methode besonders geeignet. Wenn man das Probestück in beiden Richtungen biegt, ist der Widerstand in der Laufrichtung größer als in der Querrichtung.

Klebstoff
Für alle Arbeiten benötigen Sie einen sogenannten Dispersionsklebstoff, auch als Kunstharzkleber bezeichnet, der heute in jeder Buchbinderei seine Anwendung findet. Für den Buchblock nimmt man den Klebstoff unverdünnt, *für alle Überzugsarbeiten* sollte er jedoch ausreichend mit Wasser verdünnt werden! Das Papier kann, bevor der Kleber aufgetragen wird, mit einem Schwamm von beiden Seiten angefeuchtet werden. Dadurch dehnt sich die Papierfaser schon vor dem eigentlichen Klebevorgang aus, und der Papiernutzen kann dann faltenfrei aufgeklebt werden.
In der Praxis haben sich beim Anschmieren (Einstreichen) von Materialien mit Klebstoff bestimmte Verfahren bewährt. Um zu vermeiden, daß Klebstoff auf die Vorderseite des Papieres gelangt, muß er fächerförmig aufgetragen werden. Man hält das Papier mit den Fingerspitzen einer Hand fest und verteilt mit dem Pinsel in der anderen Hand den Klebstoff fächerförmig. Wichtig ist gutes Festhalten (Andrücken), damit das Papier nicht verrutscht. Das gleichmäßige, dünne Auftragen des Klebstoffes erreicht man dadurch leichter, indem der Pinsel ein wenig gedreht wird.
Wird der Klebstoff zu dick aufgetragen, wirft sich die Pappe, und ein glattes Aufkleben des Überzugsmaterials wird unmöglich. Zu dünn aufgetragener Klebstoff dagegen hat zu wenig Klebkraft, der Überzug löst sich wieder ab.
Alle fertiggestellten Arbeiten sollten ausreichend Zeit zum Austrocknen haben, damit sie sich nicht verziehen können. Meist genügen zum Beschweren des zu trocknenden Gegenstandes einige Bücher, die man darauflegt. Dünne Holzpappen eignen sich hervorragend zum Einlegen, sie nehmen ein Zuviel an Feuchtigkeit auf.
Für ein Gelingen und das gute Aussehen einer Arbeit ist es wichtig, daß das Überzugsmaterial gleichmäßig und sauber mit Klebstoff eingestrichen wird. Einseitig beklebte Pappen verziehen sich, deshalb sollte man die Pappenrückseite gegenkleben: entweder mit dem gleichen Bezugspapier oder beim Bucheinband durch Aufkleben des Vorsatzpapiers (siehe Seite 25 und Abbildung 44). So erhält man glatte Deckel.

PASSEPARTOUT

Das Passepartout ist eine Umrahmung zum Schutz von Bildern, Zeichnungen und anderem aus leichter Pappe, so sagt es der Duden. Wenn man entschieden hat, welcher Farbton für das zu umrahmende Bild geeignet ist, besorgt man sich den passenden Karton. Es eignet sich sehr gut Fotokarton, der aber holzfrei sein sollte. Er ist im Originalformat 70 x 100 cm zu haben. Für wertvolle Bilder sollte in jedem Fall säurefreier Museumskarton verwendet werden. Sinnvoll ist es, hierbei auch ein Schrägschnitt-Passepartout zu machen, dieses gibt dem Bild einen besseren Schutz. Man läßt sie aber besser in einer Fachwerkstatt anfertigen.

Material
Farbiger, zum Bild passender Fotokarton
Japanpapierstreifen
Holzpappe für die Rückwand

Genaue Maßangaben
Format des Bildes (Hochformat)
30 x 21 cm
Ausschnitt 29,5 x 20,5 cm
Außenmaß Karton und Rückwand
42 x 31 cm
Die hier angegebenen Größen sind nur ein Beispiel von vielen möglichen. Auf Maßstäblichkeit ist zu achten.

10 Skizze eines Passepartouts mit bereits herausgeschnittenem Ausschnitt.

11 Bei diesem Motiv einer Tänzerin ist die Wirkung besonders harmonisch und ausgeglichen, wenn die Abstände zum Rand rechts, links und oben gleich sind; unten dagegen ist der Randabstand ein wenig größer.

12 Das Schneiden des Passepartout-Ausschnitts mit Hilfe von Cuttermesser und Lineal.

13 Der Ausschnitt wird entfernt und die Ränder werden eventuell ein wenig geglättet.

Schritt-für-Schritt

Zuerst schneidet man rechtwinklig eine Maske aus Packpapier, die wenig kleiner als das Bild sein sollte, also genauso groß wie der spätere Ausschnitt. Der Ausschnitt sollte so viel wie möglich vom Bild zeigen. Die Maske legt man nun auf den Karton auf und betrachtet rundherum die Ränder, verschiebt die Maske so lange, bis die am besten aussehende Verhältnismäßigkeit erreicht ist. Ober- und Seitenteile sollten die gleiche Entfernung zum Ausschnittrand haben, der untere Rand proportional etwas mehr, da das Bild sonst »herausrutscht«.

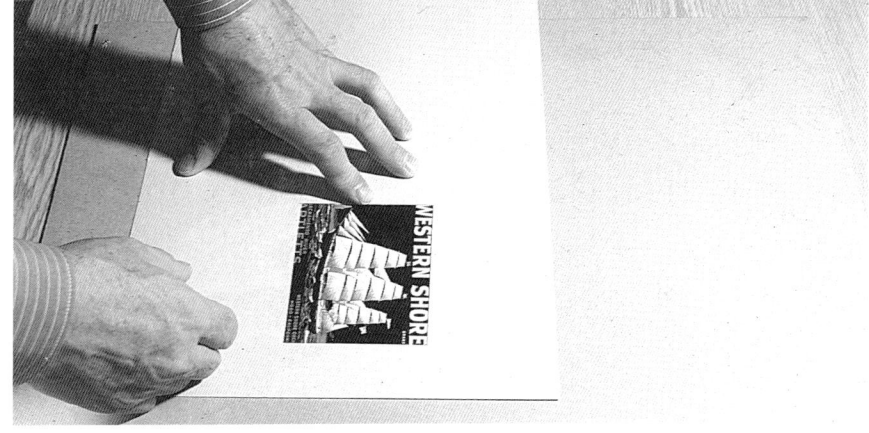

14 Das Originalbild wird eingepaßt und dann durch einen Japanpapierstreifen oben auf dem hinteren Kartonteil fixiert.

Die vier Endpunkte des Ausschnitts werden mit einer Nadel oder Ahle eingestochen. Die Schnittlinien treffen genau rechtwinklig in den Ecken aufeinander. Mit dem Cuttermesser wird der Ausschnitt exakt herausgeschnitten. Über den Endpunkt dabei nicht hinausschneiden! Die Schnittkanten kann man mit dem Falzbein vorsichtig andrücken.

Das Bild wird in das Passepartout (die Rückwand ist gefalzt) eingelegt und mit zwei etwa 4 cm langen Japanpapierstreifen am oberen Rand – rechts und links – befestigt. Natürlich kann man einen durchgehenden Streifen Japanpapier auch so falzen, daß er als beidseitig klebender Streifen wirkt, und die Fixierung des Bildes auf dem Karton »unsichtbar« geschieht.

Neben der Art des gefalzten Karton-Passepartouts kann man noch eine andere Art des Passepartouts wählen: Dabei wird das Bildmotiv mit zwei schmalen Japanpapierstreifen wie zuvor am oberen Rand fixiert – allerdings diesmal auf Holzpappe. Das Karton-Vorderblatt mit dem Passepartout-Bildausschnitt wird mit der *Holzpappe* an einer Seite mittels Japanpapierstreifen verbunden.

MAPPE FÜR GRAFIK- ODER FOTOSERIE

15 Ein einzelnes Passepartout oder auch eine ganze Serie davon lassen sich sehr gut in einer stabilen Mappe aufbewahren …,

16 … vorausgesetzt, das Innenteil der Mappe hat dieselben Abmessungen wie das Passepartout.

Diese Mappe ist als Umschlag für eine Bildserie gedacht. Wenn Sie beispielsweise Bilder mit Passepartouts versehen haben, können Sie diese in einem schönen Umschlag staubfrei und vor Lichteinflüssen geschützt aufbewahren (s. auch Abb. 138).

Material
3 Pappen gleicher Größe
1 Bogen Papier als Überzug (auch bei einer anders gewählten Größe wie unten angegeben sollte immer ein Randüberstand des Überzugpapiers von 1,5 cm verbleiben)
2 Streifen Packpapier als Rückeneinlage
1 Bogen Papier (Innenspiegel)
Leim

Genaue Maßangaben
DIN A4 Fotokarton als Einlage
3 Pappen 30,5 x 21,5 cm
einfarbiges Überzugpapier
33,5 x 69,5 cm (1,5 cm Einschlag)
2 Packpapierstreifen 30,5 x 1 cm
1 Bogen Vorsatzpapier für Innen
30 x 65,5 cm

Schritt-für-Schritt

Befeuchten Sie zuerst das Überzugpapier mit Hilfe eines Schwammes von beiden Seiten und schmieren es mit Klebstoff von der Rückseite an (siehe Abb. 33–35). Legen Sie einen Bogen Packpapier zum Schutz der Arbeitsfläche unter!

Danach legen Sie die erste Pappe links 1,5 cm vom Rand entfernt an, bringen die Papiereinlage an und danach die zweite Pappe. Es folgen die zweite Papiereinlage und anschließend die dritte Pappe. Jetzt haben Sie rundherum einen überstehenden Einschlagrand von 1,5 cm. Alle vier Ecken werden vor dem Umbiegen schräg abgeschnitten: lassen Sie hierbei eine Pappenstärke vom Papier überstehen (siehe Abb. 39). Drücken Sie den Überstand nach innen, bevor Sie die beiden restlichen Einschläge um die Pappenkante herumkleben, damit die Ecke gut abschließt. Dabei den Rand fest andrücken!

17 Hier sind bereits die drei Pappen und die Papier-Rückeneinlagen auf das Überzugpapier aufgeklebt worden. Die Papiereinlagen müssen unten noch abgeschnitten werden. Das Überzugpapier steht an allen Kanten 1,5 cm über.

18 Das fertig zugeschnittene und angefeuchtete Papier für den Innenspiegel wird nach dem Umbiegen der Kanten und Ecken des Überzugpapiers (vgl. Abb. 39–42) eingeklebt und in den Fälzen angerieben.

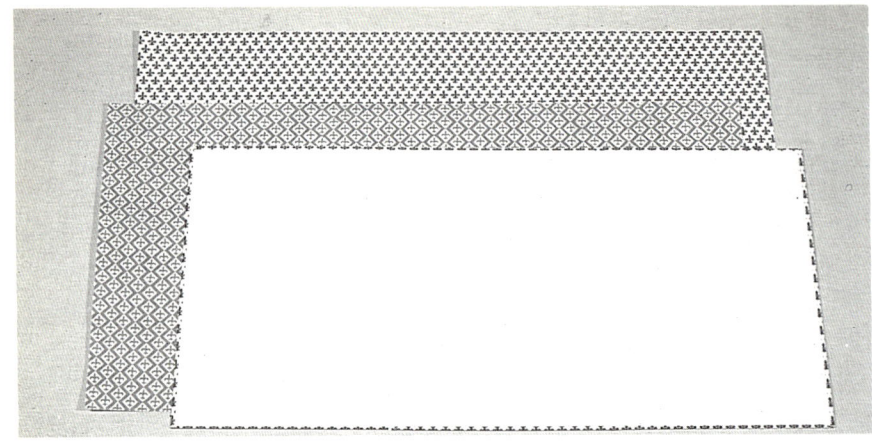

19 Und so sehen die fertigen Mappen dann von beiden Seiten aus.

Das Blatt für den Innenspiegel schneiden Sie 5 mm an allen Seiten kleiner und feuchten es an. Wenn Sie es in feuchtem Zustand abmessen, haben Sie den genauen Randabstand von 0,5 cm, da sich das Papier ausgedehnt hat. Jetzt bestreichen Sie das Blatt mit Klebstoff. Beim Einkleben legen Sie das Blatt links vom Rand im richtigen Abstand zur Höhe an und reiben mit dem Falzbein an der jeweiligen Papiereinlage ein. Das gesamte Blatt muß vorsichtig angerieben werden. Es sollte faltenfrei eingeklebt sein.
Zum Trocknen legen Sie die Mappe zwischen zwei Holzpappen ab und beschweren sie mit Gewichten.

20 Die Mappe, die hier aufgestellt gezeigt ist, läßt sich gut zusammenklappen.

LEPORELLO-FOTOALBUM

Um eine Foto- oder Bildserie aufgestellt betrachten zu können, falzen Sie einen Fotokartonstreifen entsprechend der Anzahl und Breite der Bilder. Mehr als sechs Motive sollten es nicht sein; auch der Breite des Kartons sind ja Grenzen gesetzt. Hierzu wird ein fester Umschlag gefertigt, der dem Ganzen einen sicheren Stand gibt (s. Abb. 156).

Material
Fotokartonstreifen
2 Pappen
2 Überzugpapiere
2 Packpapiere für die Innenkaschierung
Leim

Genaue Maßangaben
6 Kunstkarten 15 x 10,5 cm
Fotokarton 24 x 99 cm
2 Pappen 24 x 16,5 cm
2 Überzugpapiere 27 x 19,5 cm
2 Packpapiere (für innen) 21 x 13,5 cm

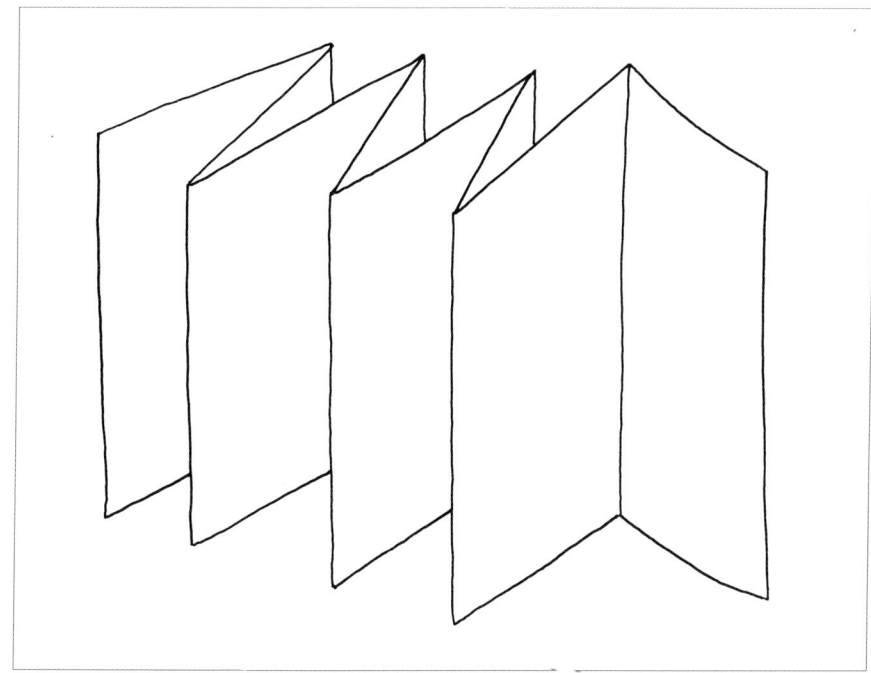

21 Ein Leporellofalz ist nicht nur leicht herzustellen, sondern auch sehr dekorativ.

22 Das aufgestellte fertige Leporello-Album mit sechs eingeklebten Kunstpostkarten.

Schritt-für-Schritt

Teilen Sie den Karton, den Sie in der Höhe schon passend zugeschnitten haben, in so viel gleich breite Teile, wie Sie Bilder aufkleben wollen (für sechs Bilder sechs Teile mit fünf Falzbrüchen). Selbstverständlich können Bilder auch auf die Rückseite des Leporellos geklebt werden. Falzen Sie im Zick-Zack-Verfahren und streichen Sie die gefalzten Stellen mit dem Falzbein glatt. Beachten Sie die Laufrichtung! Der Karton läßt sich leichter falzen und bricht nicht. Falls der Karton nicht die richtige Länge hat, kleben Sie einen zweiten an einen Falz und verlängern ihn. Natürlich ist die Wirkung eleganter, wenn nicht »gestückelt« werden muß.

Die beiden Pappen werden größenmäßig genauso hoch und breit wie ein Kartonteil zugeschnitten. Das Überzugpapier wird größer zugeschnitten: Lassen Sie wieder einen Rand von 1,5 cm als Einschlag stehen! Alle vier Ecken biegen Sie zuvor ein (nach dem Schrägabschneiden) und kleben die Ränder um die beiden Deckel.
Innen kaschieren Sie anschließend mit Packpapier, damit die beiden Deckel gerade bleiben. Nach dem Trocknen kleben Sie Hinter- und Vorderdeckel an die erste und letzte Kartonseite.
Nun bleibt nur noch übrig, die Fotos oder Grafiken in einer dem Auge angenehmen Art und Weise auf dem Fotokarton zu fixieren: an vier Punkten und mittels eines Klebers (z. B. Uho); hier müssen es keine Japanpapierstreifen sein, denn die Gefahr des Sichverziehens besteht hier nicht (vergleiche Seite 13).
Diese bunte Serie Ihrer Lieblingsbilder wird, auf dem Tisch aufgestellt, immer wieder neu Freude bereiten.

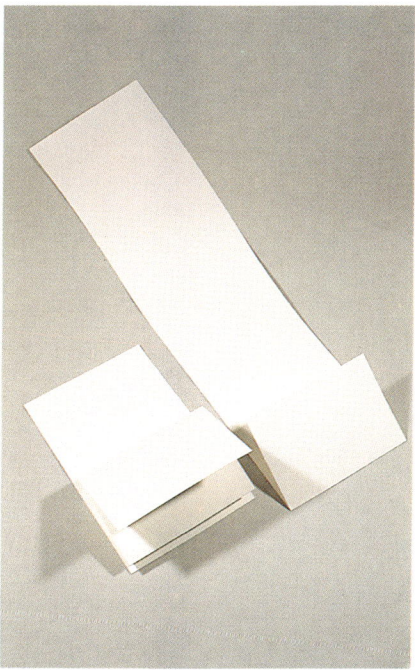

23 Der Fotokarton wird entsprechend der gewünschten Anzahl der Bilder gefalzt.

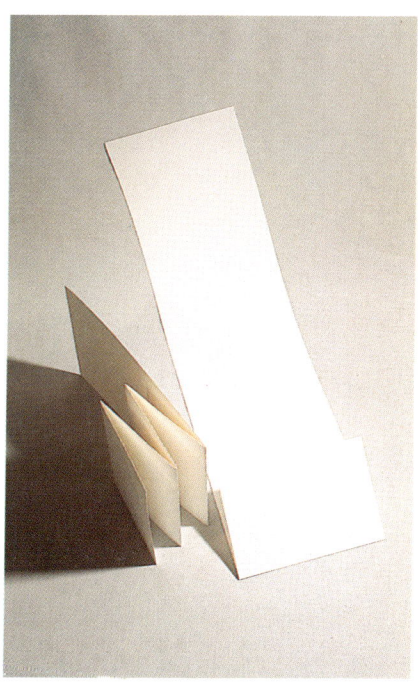

24 Vom richtigen Falzen hängt es natürlich in erster Linie ab, daß Ihre Arbeit gelingt …,

25 … aber es sind auch exakte, gerade und scharfe Kanten nötig, damit der Karton gleichmäßig auf dem Tisch stehenbleibt.

FARBIGE NOTIZBÜCHER

Als Rechnungsbüchlein, Poesie-Alben oder eine Serie von Tagebüchern eignen sich solche bunten »Hingucker« im Regal vorzüglich (s. Abb. 141 und 149–155).

Material
Papier in der richtigen Laufrichtung (parallel zum Buchrücken)
2 Vorsatz-Doppelbogen
Gazestreifen
2 Pappen
Packpapier zum Zusammenhängen
Karton für die Rückeneinlage
Überzugpapier mit 1,5 cm Einschlagrand
2 Holzpappen
Gewichte

26 Links ein kleiner Blätterstapel, in der Mitte ein Notizbuch mit Pappenrand und unten ein Büchlein mit flexiblem Einband, beispielsweise Leder.

Genaue Maßangaben
Schreibpapier (Schmalbahn), 1 cm Höhe; Hochformat 21 x 15 cm
2 Vorsatzblätter Doppelbogen 21 x 30 cm (gefalzt 21 x15 cm)
1 Gazestreifen 21 x 5 cm
2 Pappen 21,4 x 14,7 cm (Pappenstärke 1 mm)
1 Rückeneinlage Karton 21,4 x 1 cm
1 Packpapierstreifen 21,4 x 4 cm
1 Überzugpapier 24 x 34 cm
2 Packpapiere (innen) 18 x 12 cm

27 Der Papierstapel ist vorne und hinten mit einem Vorsatz versehen und damit bereit, zu einem schönen Buch weiterverarbeitet zu werden.

Schritt-für-Schritt

Fertigen eines Buchblocks:
Um aus einem Paket weißer Blätter ein Buch zu machen, versieht man zunächst den Blätterstapel vorn und hinten mit einem Doppelblatt gefalzten Vorsatzpapiers, und zwar so, daß der Falz am späteren Buchblockrücken zu liegen kommt.
Der Rücken wird mit Klebstoff eingestrichen, dabei werden die Blätter aufgefächert, so daß der Klebstoff minimal zwischen die Seiten eindringen kann.
Zur Verstärkung wird ein Streifen Gaze aufgelegt (der Überstand über den Buchblock sollte jeweils etwa 2 cm betragen) und nochmals mit dem Leimpinsel überstrichen. Der Buchblock kann nun trocknen, während Sie die Einbanddecke fertigen.

28 Man legt den Buchblock, der beschwert ist, etwas über die Tischkante überstehend an. Um den Buchrücken zu kleben, werden die einzelnen Blätter aufgefächert und mit Klebstoff eingestrichen, der somit gut eindringen kann und die Seiten fest zusammenhält.

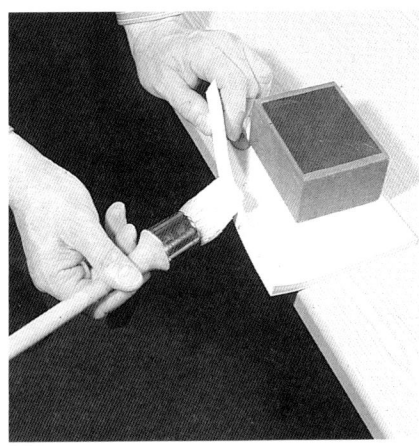

30 ... der vorbereitete Gazestreifen wird nun aufgelegt ...

29 Der wieder gerade liegende Buchrücken wird mit Klebstoff überstrichen ...,

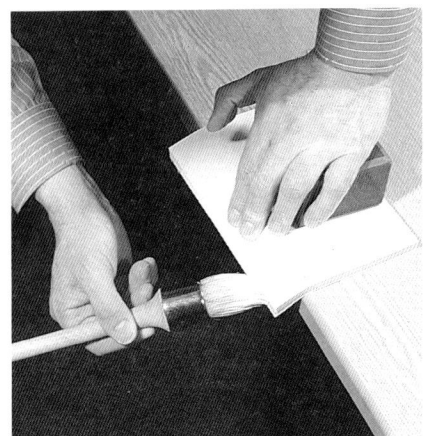

31 ... und gleichfalls mit Kleber bestrichen, damit er gut haften kann. Der Buchblock wird daraufhin zum Trocknen abgelegt.

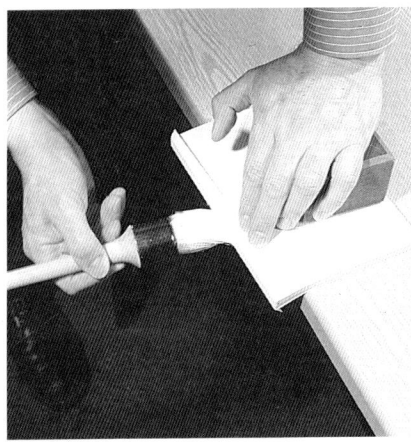

32 Die beiden Buchdeckel werden auf dem Packpapierstreifen zusammengehängt, allerdings so, daß sie jeweils 4 mm vom Rückeneinlagestreifen abgesetzt sind, um später das Gelenk zu bilden.

33 Das Überzugpapier wird mit dem Schwamm von beiden Seiten angefeuchtet …,

34 … anschließend gleichmäßig von der Mitte aus mit Klebstoff bestrichen.

Fertigen einer Einbanddecke:
Die beiden Deckelpappen, die an allen Seiten 2 mm Kantenbreite haben sollten, werden wie auch der Rückeneinlagestreifen auf einen festen Packpapierstreifen aufgeklebt und somit verbunden. Die Pappen sind dabei jeweils 4 mm von der Rückeneinlage abgesetzt, damit sich später die Deckel gut aufschlagen lassen. Die überstehende Länge des Rückeneinlagestreifens wird nun unten abgeschnitten.

Überziehen der Einbanddecke mit Papier:
Nehmen Sie das von Ihnen gewählte Überzugpapier (das von fester Beschaffenheit sein sollte), feuchten Sie es von beiden Seiten an und schmieren es einseitig mit Klebstoff ein. Legen Sie unbedingt wieder eine Lage Packpapier oder Zeitungspapier unter, so können Sie großzügig über alle Ränder hinaus arbeiten.

35 Der Klebstoff sollte überall gleichmäßig verteilt aufgetragen werden.

Aufkleben der Einbanddecke:
Die zusammengehängte Einbanddecke wird nun aufgelegt, das Ganze umgedreht, und die beiden Fälze sehr gut eingerieben. Wenden Sie den Deckel erneut – reinigen Sie auch die Arbeitsfläche von eventuell vorhandenen Leimflecken – und schneiden Sie nun wieder die Ecken ab, wobei eine Pappenstärke Einbandpapier überstehen sollte. Die Ecken werden eingebogen und die Ränder um die Pappe angeklebt. Danach reibt man das Papier vollflächig an, damit keine Luftblasen oder Falten entstehen.
Innen kann man wieder beide Seiten mit Packpapier gegenkaschieren.

36 Nun wird die zusammengehängte Einbanddecke auf den angeschmierten Papiernutzen aufgelegt.

37 Eine Buchdeckelseite wird angerieben. Danach reibt man den Falz ein und drückt die Buchdeckelrückseite an.

38 Die beiden Fälze und die Rückeneinlage reibt man nochmals gut mit dem Falzbein nach.

39 Die Ecken werden abgeschnitten. Lassen Sie dabei jeweils eine Pappenstärke zum Einknipsen der Ecke überstehen.

40 Man schlägt zuerst die Ober-, dann die Unterkante um …,

41 … biegt die überstehenden Ecken ein …,

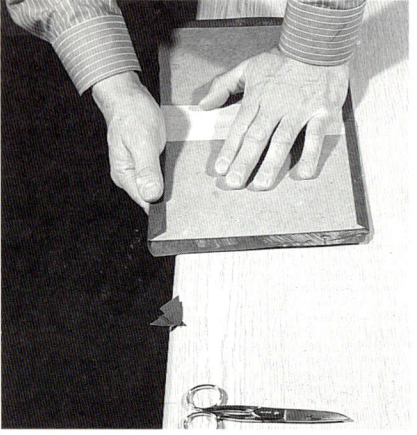

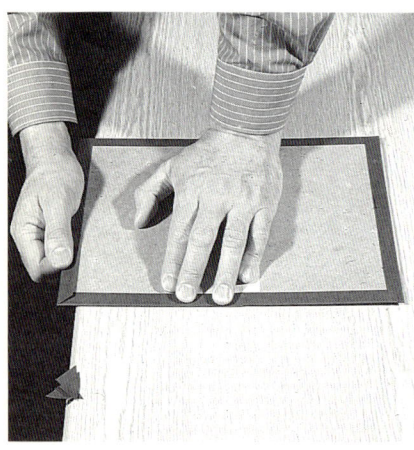

42 … und schlägt danach beide Vorderkanten ein.

Einkleben des Buchblocks:
Das Vorsatzpapier des Buchblocks wird mit Klebstoff gleichmäßig angeschmiert und in die Einbanddecke eingeklebt. Reiben Sie gut an, vor allem auch den Falz an der Übergangsstelle! In gleicher Weise wird die »Nachsatz«-Seite behandelt. Ganz wichtig ist es, daß die Einbanddecke *wirklich fest* um den Buchrücken herumgezogen wird und die Buchkanten gleiche Größe aufweisen.

Damit die Feuchtigkeit des Klebstoffes nicht in das Papier eindringen kann, wird vorn und hinten je eine Holzpappe eingelegt. Das fertige Buch wird zum Trocknen mit einem Gewicht oder anderen Büchern beschwert und sollte zumindest über Nacht trocknen.

43 Der Buchblock wird – auf dem Vorderblatt des Vorsatzpapiers – mit Klebstoff eingestrichen ...,

44 ... das Vorsatzblatt wird angerieben. Vergessen Sie auch nicht, die Fälze wieder nachzureiben!

45 Nachdem auch das rückwärtige Vorsatzblatt eingeklebt und nachgerieben wurde, werden vorne und hinten Holzpappen eingelegt, welche die überschüssige Feuchtigkeit vom Papier wegsaugen.

46 Das fertige Buch wird mit Gewichten beschwert zum Trocknen abgelegt.

NOTENHEFTE MIT FARBIGEN UMSCHLÄGEN

Wenn Sie Ihre oft nur als Loseblattsammlung vorliegenden Lieblingsnoten, Chorwerke oder gar eigene Kompositionen mit einem farbigen Kleid versehen wollen, heften Sie diese in einen bunten Umschlagkarton.

Material
Notenpapier
Kartonumschlag
Heftzwirn
Leinenstreifen
Leim

Genaue Maßangaben
5 Doppelblätter Notenpapier
30 x 25 cm
1 Doppelblatt Umschlagkarton
30 x 25 cm
Leinenstreifen 30 x 4 cm
Heftzwirn Nr. 20 oder 25

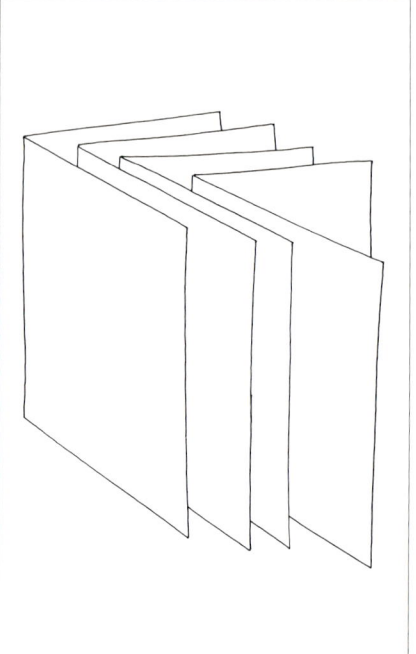

47 Die Notenblätter werden wie in dieser Skizze gezeigt ineinandergelegt.

Schritt-für-Schritt
Fügen Sie die beschriebenen oder gedruckten Notenblätter am Mittelfalz ineinander und legen Sie diese in einen gefalzten, farbigen Karton. Danach stechen Sie mit der Ahle, 1 cm vom Rand angefangen und auf die ganze Strecke aufgeteilt, fünf Löcher durch den Rücken vor. Geheftet wird auf der Innenseite, von der Mitte ausgehend, im Heftstich erst zum einen Rand hin und dann zurück zur Mitte. Dabei werden die Stichlöcher ausgefüllt, so daß nun der Notenblattrücken auf der Vorder- wie auf der Rückseite durchgehend mit Stichen bedeckt ist.
Genauso verfährt man mit der zweiten Hälfte. Ist man wieder in der Mitte angekommen, wird der Faden mit dem Anfangsfaden verknüpft.

48 Fertige Notenhefte. Die Heftung ist jeweils gut zu sehen.

49 Umschlagkartons stehen in einer großen Auswahl an Farben zur Verfügung.

50 Fertig gehefteter Umschlag. Daneben liegt der Leinenstreifen für den Rücken.

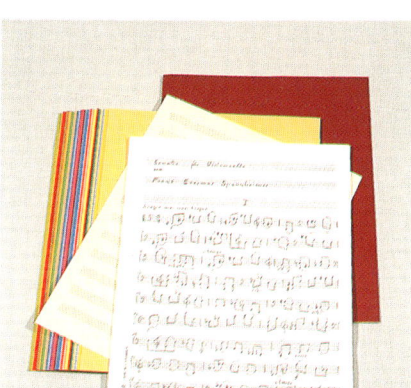

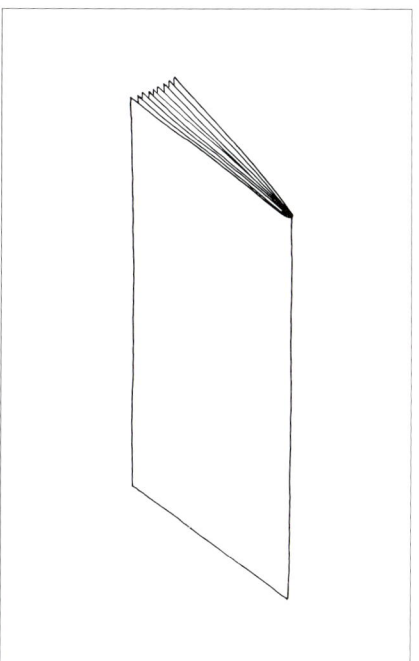

51 Sie beginnen die Heftarbeit mit Nadel und Heftzwirn von der Mitte ausgehend – erst zum einen Rand hin, dann zurück zur Mitte und zum anderen Rand.

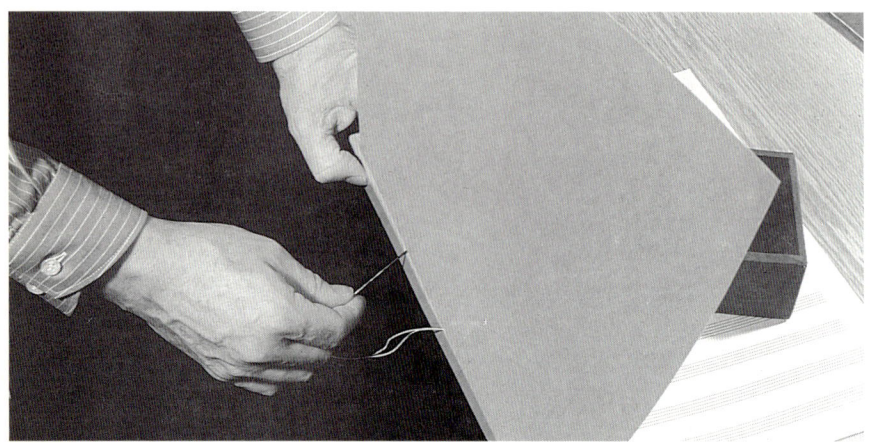

52 Der Zwirn wird gleichmäßig durchgezogen.

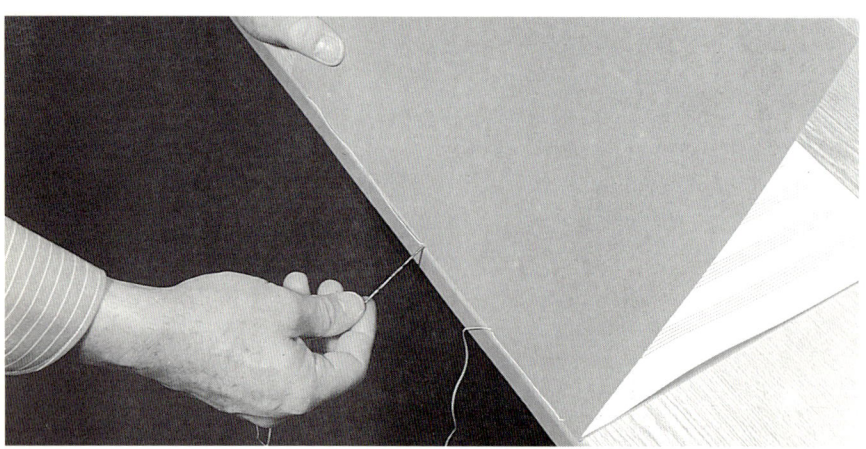

53 Hier erfolgt bereits der letzte Stich vor dem Verknoten innen im Heft. Der Faden sollte immer fest angezogen werden.

54 Nach dem letzten Stich wird der Faden gut verknotet.

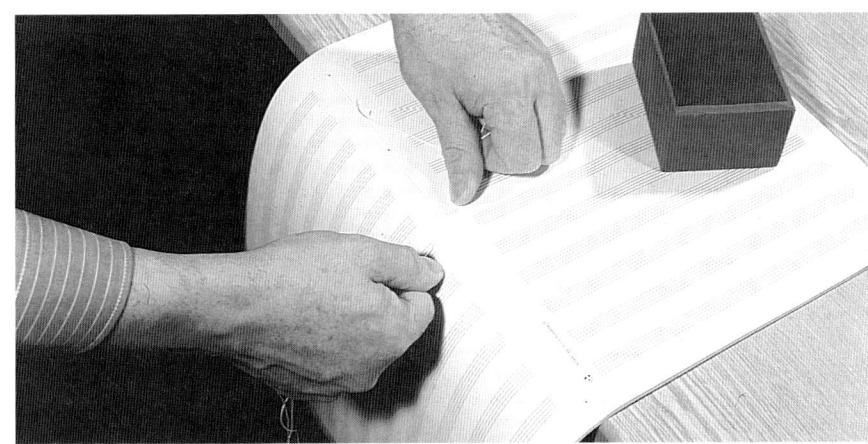

55 Man läßt einen Zentimeter Fadenlänge stehen, damit sich der Knoten nicht wieder lösen kann.

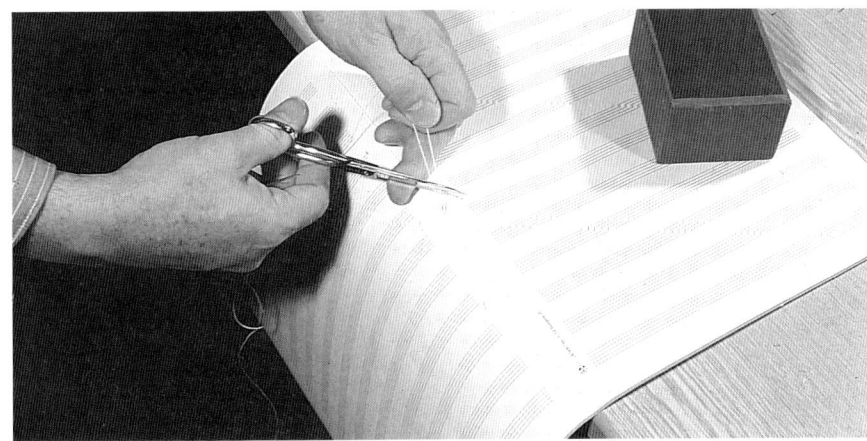

56 Der passend zugeschnittene Leinenstreifen wird mit Klebstoff eingestrichen, zur Hälfte in seiner Breite aufgeklebt ...,

Außen verstärken Sie den Rücken des Notenheftes mit einem Leinenstreifen. Es ist bei all diesen Arbeiten sinnvoll, das Heft mit dem Rücken parallel zu einer Tischkante zu legen, weil es sich dann viel leichter heften und kleben läßt.

Der Leinenstreifen, der um den Rücken geklebt wird, verdeckt nicht nur den Faden, sondern verstärkt auch das ganze Heft. Zudem kann er einen farblich interessanten Kontrast zum gewählten Umschlagkarton bilden.

57 ... und fest um den Rücken des Heftes herumgeklebt.

FOTOALBUM

Bei diesem Beispiel soll eine Serie zusammengehöriger Fotos in einen festen Band gebunden werden (s. auch Abb. 139 und 145–147).

Material
Fotokarton
Japanpapierstreifen
Gazestreifen
2 Pappen
Karton für die Rückeneinlage
Leinenüberzug für den Buchrücken
2 Überzugpapiere
2 Packpapiere für die Innenkaschierung
Leim

Genaue Maßangaben
6 Bilder Fotoserie (einseitig aufgeklebt)
4 Doppelblätter 30 x 60 cm (gefalztes Format 30 x 30 cm)
3 Japanpapierstreifen, je 2 cm breit, 30 cm lang
1 Gazestreifen 30 x 6 cm
2 Pappen 30,6 x 29,9 cm
1 Rückeneinlagekarton 30,6 cm x 0,8 cm
1 Packpapierstreifen 30,6 x 7 cm
1 Leinenstreifen 33,6 x 7 cm
2 Überzugpapiere 33,6 x 31 cm
2 Innenspiegel Packpapier 28 x 26 cm

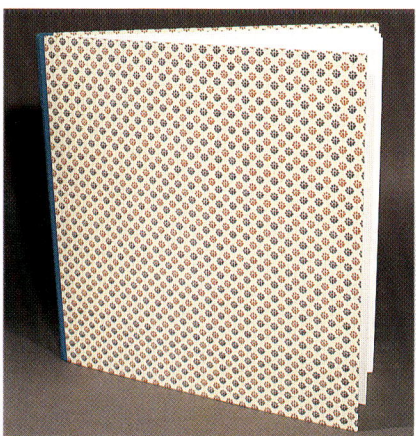

58 Ob Sie fertige, selbst bemalte, bedruckte oder auch fotokopierte Überzugpapiere verwenden, bleibt ganz Ihrer Phantasie überlassen.

59 Ein Fotoalbum mit ansprechendem Einband.

60 Einige zu Doppelbogen gefalzte Fotokartons ...

62 Und so wird Doppelbogen für Doppelbogen mit dem nächsten Bogen verbunden: durch Aufkleben von Japanpapierstreifen. Arbeiten Sie dabei ganz exakt. Die Bogen müssen im Falz wirklich völlig lückenlos aneinanderliegen!

Schritt-für-Schritt

Fertigen des Buchblocks aus den Doppelbogen:
Schneiden Sie den Fotokarton im passenden Format zu und falzen ihn jeweils zu einem Doppelbogen. Diese verbinden Sie nacheinander jedes Mal mit selbstklebenden Japanpapierstreifen. Sie sollten dabei maximal zehn Bogen aneinanderfügen, da beim Entstehen des Buchblocks auf diese Art die Gefahr besteht, daß sich irgendwann die Bogen verschieben, und ein schiefer Buchblock dabei herauskommt. Ein dickerer Fotoband muß mit dem Faden geheftet werden.

Sind alle Bogen zusammengehängt, leimen Sie den Rücken mit Buchbinderleim und hinterkleben ihn zur Verstärkung mit einem Gazestreifen. Der Buchblock wird danach beschwert und zum Trocknen abgelegt.

61 ... wurden hier einmal der optischen Wirkung wegen nebeneinander aufgestellt.

63 Nach dem Zusammenhängen wird der Rücken mit Gaze verstärkt.

64 Die zugeschnittenen Pappen werden auf den Packpapierstreifen geklebt und somit verbunden. Auch die Rückeneinlage wird aufgeklebt. Der jeweils abgesetzte Falz ergibt das Gelenk.

Fertigen der Einbanddecke:
Dieser Arbeitsgang geht wieder genauso vonstatten, wie schon im Abschnitt über die farbigen Notizbücher beschrieben (siehe Seite 22), nur die Maße sind andere.

Fertigung des Halbleinenbandes:
Als nächstes wird der Leinenstreifen über den Buchrücken geklebt und mit dem Falzbein gut eingerieben. Seine Enden werden knapp auf die Rückseite umgeschlagen.
Vorder- und Rückendeckel kleben Sie nun mit buntem Papier wie beim Beispiel des Leporello-Albums (siehe Seite 19) und kleben wiederum – *wie immer* – innen eine Gegenkaschierung aus Packpapier, damit sich die Deckel nicht verziehen.

65 Der Leinenstreifen wird aufgeklebt und mit dem Falzbein eingerieben.

66 Auf der Innenseite des Buchdeckels wird der Gazestreifen gegengeklebt. Die überstehenden Enden des Leinenstreifens werden nun umgebogen und festgeklebt.

Einkleben des Buchblocks:
Der Buchblock wird mit der gefertigten Einbanddecke verbunden, indem Sie die erste und letzte Seite des Fotokartons mit Klebstoff einstreichen. Nacheinander werden nun die erste Seite geklebt, der Übergang angerieben, der Rücken fest eingepaßt und die letzte Seite eingeklebt und angerieben.
Legen Sie hinten und vorne eine Holzpappe ein, beschweren das Ganze mit Gewichten und lassen es gut trocknen.

67 Der Leinenrücken sollte in der ganzen Breite und in den Fälzen besonders gut an- und eingerieben werden.

FARBIGE ZETTELKÄSTEN

Benötigen Sie ständig Notizzettel griffbereit zur Hand, ist es sehr praktisch, wenn Sie sich einen farbigen Zettelkasten als Behältnis dafür bauen (s. Abb. 142).

Material
Papierstapel DIN A6
6 Pappenteile
Überzugpapier
Japanpapierstreifen

Genaue Maßangaben
Papierstapel DIN A6 (Postkartengröße) 14,8 x 10,5 cm
Kastenbodenteil 15,3 x 11 cm
2 Pappen 5,5 x 11 cm
1 Pappe 5,5 x 15,7 cm
2 Pappen 5,5 x 6 cm
feines Schleifpapier
Überzugpapier der Seitenteile:
2 Nutzen 18 x 13 cm
für das Rückteil: 17,3 x 13 cm;
2 Nutzen für den Boden (Innen- und Unterbodenteil): 14,8 x 10,5 cm

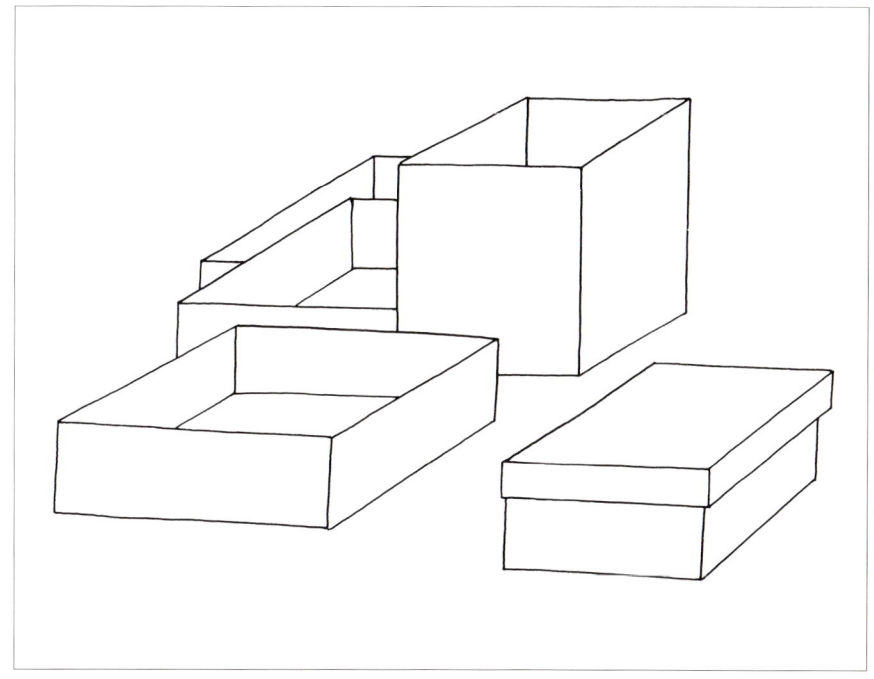

68 Neben dem beschriebenen Zettelkasten sind auch viele andere Schachteln und Kästchen herstellbar.

69 Fertiger Zettelkasten, zweifarbig überzogen.

70 Unten sieht man den komplett zugeschnittenen Zettelkasten vor dem Zusammensetzen, oben das Ergebnis.

71 Die fertigen Kästen sind zum Teil schon mit Papier überzogen.

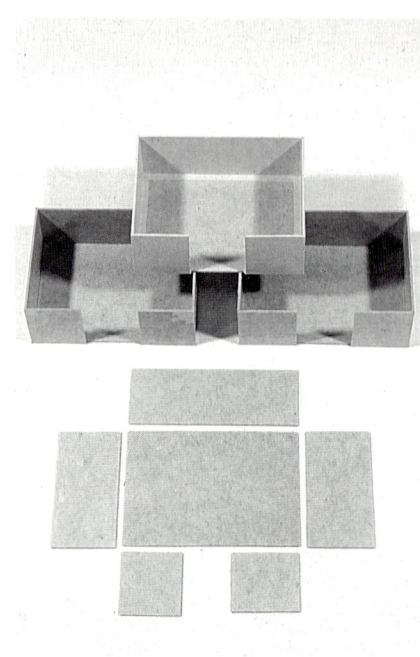

Schritt-für-Schritt

Schneiden Sie zuerst das Bodenteil zu. Es sollte etwas größer als das Papierformat sein.

Danach werden zwei gleich große Seitenteile und ein um zwei Pappenstärken längeres Rückenteil zugeschnitten.

Für das Vorderteil gliedern Sie die zweite Pappe in der Größe des Rückenteils in drei Teile: die beiden äußeren gleich groß und das mittlere Stück zumindest so groß, daß man den Daumen bequem in die Aussparung legen kann. Sie entsteht durch das Herausschneiden des mittleren Stücks und ermöglicht das Herausnehmen der Zettel.

Jetzt kleben Sie die Seitenteile an die Bodenplatte – dazu werden die Kanten jeweils mit dem Finger mit Leim bestrichen –, danach das Rückenteil und zuletzt die beiden vorderen Teile.

Fixieren können Sie den zusammengesetzten Kasten mit Japanpapierstreifen, die Sie nach dem Abtrocknen wieder entfernen. Die Kanten sind weniger rauh, wenn Sie sie mit Schleifpapier bearbeiten.

Das Bekleben der Seitenteile mit farbigem Papier gehört nun zu den schon etwas anspruchsvolleren Arbeiten: Sie sollten zumindest das Bekleben von Buchdeckeln mit Papier schon so oft geübt haben, daß Ihnen die Ausbildung der Ecken ganz selbstverständlich von der Hand geht.

Zuerst überziehen Sie das Rückenteil außen: das Papier wird jeweils 1 cm auf das Seitenteil übergeklebt, so daß auch die Kante überzogen ist. Danach werden die jeweiligen Seitenteile bezogen. Bei der zweiten Ecke, derjenigen zur Aussparung hin, steht das Papier je einen Zentimeter über.

Zur Eckausbildung an beiden Seiten wird der Papierüberstand in schmaler Pfeilform eingeschnitten (siehe Abb. 84 links). An den Ecken zur Aussparung vorne bleibt oben eineinhalbfacher Pappenüberstand stehen, damit die Ecke abschließt; der Überstand zur Seite wird abgeschnitten. In der Aussparung selbst kleben Sie einen schmalen Streifen ein, damit die Pappenkante bezogen ist.

Nun werden die Innenteile und zuletzt das Bodenteil beklebt.

72 Die einzelnen Teile werden an den Rändern mit Klebstoff eingestrichen. Sie können dazu den Pinsel nehmen, aber wegen der schmalen Ränder eignet sich auch ein Finger gut zum Auftragen.

73 Die Teile werden zum Kasten aufgestellt und geklebt.

74 Die Stabilität ist natürlich noch nicht groß, deshalb empfiehlt sich eine Fixierung aller Teile mit Japanpapierstreifen, die nach dem Austrocknen wieder entfernt werden. Zum Überziehen der Seiten-, Innen- und Bodenteile mit Überzugpapier siehe die Abbildungen 80–88.

SAMMELKASSETTE FÜR KINDERBILDER ODER ZEICHNUNGEN

Diese Kassette wird in drei Teilen gefertigt. Der Innen- und der Außenteil werden nach der Fertigung in eine äußere Decke geklebt (s. Abb. 143 und 144).

Material
Pappen:
4 Teile für das Unterteil
4 Teile für das Oberteil
2 Überzugpapiere außen und innen
2 Innenbogen mit Einschlag
2 Papiere für den Boden (Packpapier)
Äußere Decke: 3 Teile Pappen
1 Leinenstreifen mit Einschlag
1 Leinenstreifen für Innen
2 bunte Überzugpapiere mit 1,5 cm Einschlag an allen Seiten
2 Packpapiere zum Gegenkleben
Leim

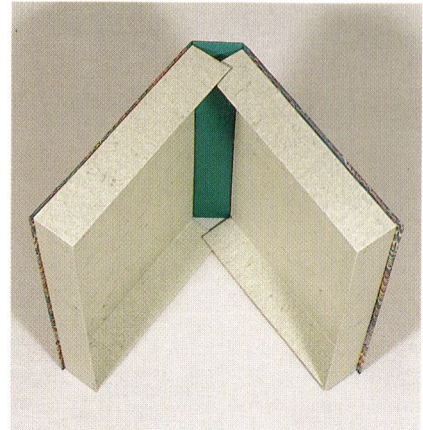

Genaue Maßangaben
Für ein Format von 30 x 21 cm, Höhe 3,8 cm (Pappenstärke 1,5 mm):
Pappen-Bodenteil 30,5 x 21,3 cm
2 Pappen 21,3 x 4 cm (Seitenteile)
1 Pappe 30,8 x 4 cm (Seitenteil)
Deckel 31,1 x 21,5 cm
2 Pappen 21,5 x 4,2 cm
1 Pappe 31,4 x 4,2 cm

Papier 10,4 x 77 cm (außen)
Papier 31 x 22,5 cm (innen)
Packpapier 28,5 x 19,5 cm (Gegenkaschierung)

Äußere Decke:
2 Pappen 32 x 22 cm
1 Pappe 32 x 4,5 cm (Rücken)
1 Leinenstreifen 35 x 7 cm (außen)
1 Leinenstreifen 31,6 x 7 cm (innen)
2 Überzugpapiere 35 x 23 cm
2 Packpapiere 30,5 x 20,5 cm (innen)

75 Eine aufgestellte, fertig zusammengefügte Sammelkassette.

76 Ein Stapel Kasetten, die mit unterschiedlichen, fertig zu kaufenden Marmorpapieren überzogen sind.

Schritt-für-Schritt

Das Ober- beziehungsweise Unterteil: Nach dem Zuschnitt der Pappen kleben Sie vom Unterteil zuerst die drei Seitenteile an die Bodenplatte. Das Oberteil wird auf genau die gleiche Art zusammengesetzt.

77 Die fertige Kassette besteht aus drei Einzelteilen, die alle mit Papier überzogen sind: die Decke ist bunt bezogen, die beiden Innenteile als Kontrast mit einem grauen, ein wenig in sich gemaserten Papier.

78 Die zugeschnittenen Pappen für das Bodenteil. Oben sieht man das fertige Bodenteil sowie das fertige Deckelteil einmal ineinandergefügt. Der geringe Größenunterschied (die geringe Abweichung in den Abmessungen) ist notwendig, daß später beim Zusammenklappen beide Teile gut ineinandergreifen.

79 Der Zuschnitt für das Deckelteil (unten) und Deckel- und Bodenteil nebeneinander (oben).

80 Beginnen wir mit einem Kastenteil: Die Seitenteile werden jeweils im ganzen mit Papier überzogen, wobei das Papier seitlich übersteht.

82 Die Überstände am Unterteil werden keilförmig eingeschnitten und um die Kanten herumgeklebt.

Der Papierüberzug

Unter- und Oberteil werden zuerst außen und danach innen mit Papier überzogen. Wie dabei vorzugehen ist, können Sie dem Abschnitt über die Herstellung farbiger Zettelkästen entnehmen (siehe Seite 37). Um ganz gerade Kantenabschlüsse und knickfreie Ecken zu gestalten, ist allerdings einige Übung Voraussetzung. Lassen Sie sich also von anfänglichen Schwierigkeiten nicht gleich entmutigen!

81 Der zu überziehende Kasten wird dazu auf das mit Klebstoff eingestrichene Papier aufgelegt, erst eine Seite, dann andrücken, dann die Ecke umbiegen, dann andrücken und so fort.

83 Am oberen Papierumschlag werden an beiden Rückenkanten die Ecken schräg eingeschnitten.

84 An beiden nach vorne offenen Kanten werden die oberen Umschläge fast senkrecht zu den Kanten eingeschnitten (eine Pappenstärke Überstand belassen!).

85 Der Überstand der vorderen Kante wird zuerst umgeschlagen, nachdem die Ecke wieder eingeknipst wurde.

86 Anschließend werden die Seiten eingeschlagen und verklebt.

87 Die Innenkanten werden mit dem Falzbein gut angerieben.

88 Nun wird der Innenspiegel eingepaßt und eingeklebt. Kleben Sie den Überstand um die vordere, offene Kante herum nach hinten. Das zweite Kastenteil auf dieselbe Weise mit Papier auskleben.

89 Die Decke besteht aus drei Einzelteilen: zwei Deckelpappen und der Rückeneinlage.

90 Sie werden auf einem Leinenstreifen zusammengehängt.

Die Decke der Kassette

Die äußere Decke wird größer zugeschnitten als das Oberteil, so daß rundherum eine gleichmäßige Kante sichtbar bleibt. Die Rückenpappe ist natürlich wieder genauso hoch wie die beiden Seitendeckel.
Der Leinenstreifen wird mit Klebstoff angeschmiert, die drei Seitenteile daraufgelegt und zur Bildung eines Gelenks 2 mm abgesetzt.
Im Gegensatz zum normalen Buchdeckel ist hier auf der Innenseite ein zweiter Leinenstreifen gegenzukleben, der im Falz eingerieben wird. Wiederum werden, wie schon beim Beispiel des Leporello-Fotoalbums beschrieben, die beiden Seitenteile mit farbigem Papier überzogen (siehe Seite 19), und die Innenteile mit Packpapier gegenkaschiert.

91 Die beiden Pappen werden wieder von der Rückeneinlage abgesetzt angebracht, damit sich der Kasten später gut aufschlagen läßt.

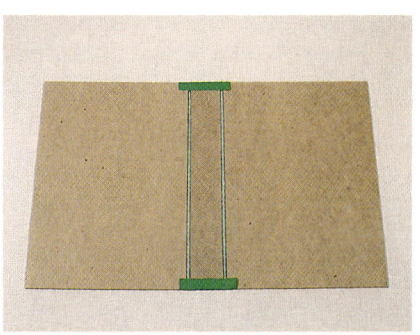

92 Die Überstände des Leinenstreifens werden oben und unten umgebogen und festgeklebt. Nicht vergessen, außen den Falz anzureiben! Innen wird ein zweiter Leinenstreifen gegengeklebt und eingerieben.

93 Das Überzugpapier wird aufgeklebt…

94 …und an den Ecken eingeschlagen.

Das Zusammenfügen der fertigen Teile

Nach der Fertigstellung der Einzelteile werden Ober- und Unterteil in die überzogene Decke eingeklebt: Verwenden Sie beim Einkleben der beiden Innenteile unverdünnten Buchbinderleim und achten Sie darauf, daß alle drei Seiten gleichmäßige Kanten erhalten.

Alle drei Teile sollten sinnvollerweise mit Packpapier gegenkaschiert werden, damit sie sich nicht verziehen. Die fertige Kassette ist in geöffnetem Zustand zum Trocknen abzulegen und dabei mit Holzpappen und Gewichten zu beschweren.

96 Die Innenteile sind nun fertig eingeklebt. Die Kassette in geöffnetem Zustand und mit Beschwerung trocknen.

95 Das Bodenteil (links) wurde bereits in die äußere Kassettendecke eingeklebt. Dies kann auch – wie hier im Bild rechts gezeigt – mit Hilfe einer beidseitig klebenden Folie geschehen. Um sicherzugehen, daß sich die Einzelteile der Kassette nicht verziehen, ist bei jedem einzelnen Teil eine Gegenkaschierung mit Packpapier äußerst sinnvoll, die vor dem Zusammenfügen vorgenommen wird (bei Boden- und Deckelteil auf der Unterseite, bei der äußeren Decke auf beiden Innenseiten).

FLEXIBLE LEDERUMSCHLÄGE

Material
Buchblock mit Vorsatz
Japanpapierstreifen
Ziegenspaltleder
Folie, doppelseitig klebend

Genaue Maßangaben
Buchblock 1 cm stark, 21 x 14,8 cm
Ledernutzen 22 x 32 cm
doppelseitige Klebefolie 22 x 32 cm

Schritt-für-Schritt
Nachdem Sie den schon im Abschnitt über das Notizbuch beschriebenen Buchblock gefertigt haben, schneiden Sie in der Folge das Leder passend zu. Es sollte an allen Seiten 1 cm größer als der Buchblock sein, damit es diesen gut abdeckt.
Kleben Sie dann das Leder faltenfrei auf die doppelseitige Klebefolie auf und schneiden Sie diese rundherum ab.
Jetzt legen Sie den Buchblock mit dem vorderen Vorsatz auf die vom Schutzpapier abgezogene Folie. Danach überziehen Sie den Buchrücken und die Rückseite. Achten Sie darauf, daß das Leder keine Falten wirft und gleichmäßig um den Buchblock herumgeklebt wird. Die überstehenden Ränder schneiden Sie rundherum sauber ab.

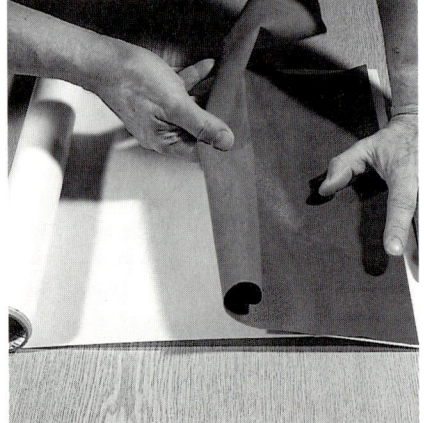

97 So ein Lederbuch kann sehr schön aussehen, es verzieht sich nicht, ist flexibel und fühlt sich einfach gut an.

98 Das Leder wird auf eine Seite der doppelseitigen Klebefolie aufgeklebt.

99 Es sollte faltenfrei aufliegen. Dann wird die Schutzfolie abgezogen und der Umschlag um den Buchblock herumgeklebt.

BUCHKONFEKT

(nicht zum Essen, geeignet als Spielstein oder für den Setzkasten, s. Abb. 140).

Genaue Maßangaben
Miniaturbuch, als Stange gearbeitet, 30 x 4 cm, 1 cm stark
Ledernutzen 30 x 4 cm
Folie 30 x 4 cm

Diese Miniaturbücher fertigt man ähnlich wie den zuvor beschriebenen Lederband.
Man braucht dazu einen 4 cm breiten Lederstreifen, der auf die Klebefolie aufgeklebt wird.

Der Buchblock sollte im Format 30 x 4 cm gefertigt werden und ca. 1 cm dick sein. Der Lederstreifen wird nun sauber um den Buchrücken geklebt.

Für den Zuschnitt der Bücher sollte man die Hilfe einer Werkstatt mit einer Schneidemaschine in Anspruch nehmen. Zuerst werden die Buchblocks auf 1,2 cm Breite zugeschnitten und danach in der Höhe auf 1,6 cm. Hat man mehrere Miniatur-Buchblocks gefertigt, kann man sie alle nebeneinanderlegen und gleichzeitig beschneiden.

Die Bücher, die sich beim Schneiden leicht verziehen, bringt man mit dem Hammer wieder in Form. Der Buchrücken wird von beiden Seiten gerundet.

100 Die Herstellung dieses »Konfekts« ähnelt tatsächlich sehr der vorweihnachtlichen Pralinen-Manufaktur.

FARBIGE PAPIERE, SELBST HERGESTELLT

101 Mit Spachtel und Farbwalze wird die Druckfarbe gleichmäßig auf die Glasplatte aufgetragen.

102 Ein Blatt Papier wird auf die Glasplatte aufgelegt. Eine Musterung entsteht, indem man das Papier beispielsweise auf der Rückseite mit einem Bleistift »bearbeitet«. Durch zusätzliches Andrücken und »Quetschen« einzelner Partien wird die Farbe besonders gut übertragen.

Beispiele auf Abbildungen 148–155
Material
Papier im gewünschten Format
(gut geeignet ist Vorsatzpapier)
Glasplatte
Farbrolle
Druckfarbe (Reste aus der Druckerei)
Reinigungsmittel (für die Glasplatte)

Schritt-für-Schritt
Die Druckfarbe wird mit der Farbwalze gleichmäßig auf die Glasplatte aufgetragen. Dann nehmen Sie ein Papier und legen es auf diese auf. Die Farbe wird durch Andrücken und Anreiben von der Glasplatte auf das Papier übertragen. Es ist sinnvoll, mit einer hellen Farbe zu beginnen. Wenn Sie ein Muster oder ein Ornament auf dem Papier haben wollen, zeichnen Sie dieses mit dem Bleistift auf der Rückseite des Papiers auf. Es überträgt sich dann von der Glasplatte auf das Papier (seitenverkehrt!). Experimentieren können Sie mit Stempeln, verschieden dickem Farbauftrag und mehreren Farbfolgen nacheinander. Für ein buntes Druckpapier ist es wichtig, daß die neuen Farben erst aufgetragen werden, wenn die vorangehenden gut angetrocknet sind.

103 Die »gravierten« oder angedrückten Stellen nehmen die Farbe von der Glasplatte besonders gut an.

104 Verschiedene, auf diese Weise hergestellte Druckpapiere.

PAPIERUMSCHLÄGE

Um einer Buchreihe im Bücherregal ein neues Aussehen zu verleihen, versehen wir diese mit phantasievollen Schutzumschlägen (s. Abb. 157).

Material
Papierumschläge (z. B. Elefantenhaut)
Foto oder Bild
doppelseitige Klebefolie

Genaue Maßangaben
Buchformat 23 x 15 cm
Rückenbreite 6,5 cm
Farbiges Papier 22,9 x 40 cm
Folie 22,9 cm (doppelseitige Klebefolie), Breite wie Foto
Foto oder Bild gleicher Größe

Schritt-für-Schritt
Schneiden Sie zuerst die Umschlage in der genauen Höhe der Buchreihe zu. Vorn und hinten lassen Sie einen breiten Überstand für die Einschlagklappe.
Messen Sie dann mit einem Papierstreifen die jeweilige Buchrückenbreite ab und übertragen Sie die Maße auf das Bild oder Foto. Dieses wird auf eine doppelseitig klebende Folie aufgebracht und dann mit dem Messer und Lineal an den angezeichneten Stellen auseinandergeschnitten.
Kleben Sie die Einzelteile, nachdem Sie das Schutzpapier von der Folie abgezogen haben, auf die Rückenbreite der Umschläge auf.

105 Ist bei einem Lexikon ein Buchrücken aus Leder zerstört, ist die Wirkung im Bücherschrank nicht mehr optimal. Eine Alternative zur kostenaufwendigen buchbinderischen Restaurierung ist da oft das Umlegen von Schutzumschlägen aus Papier.

106 Die einzelnen Schutzumschläge ergeben zusammengefügt ein dekoratives Bild.

107 Verwenden Sie Ihr Lieblingsfoto oder gestalten Sie Ihre höchstpersönliche Lexikon-Ausgabe mit Jugendstil- oder Hundertwasser-Motiven.

Die Bilder sollten gut angerieben werden. Die Umschläge werden um die zu verschönernden Bücher gelegt, und das Foto wird im Buchregal wieder zusammengesetzt.

108 Zur Herstellung der bunten Sterne bedarf es einiger Fingerfertigkeit und auch der Übung!

BUNTE STERNE, AUS VIER PAPIERSTREIFEN HERGESTELLT

Verschiedene Beispiele fertiger Sterne finden Sie auf Abb. 137.

Material
Tonpapier

Genaue Maßangaben
4 Streifen Tonpapier 60 x 1 cm (gefalztes Format 30 x 1 cm) Sterngröße 6 cm

Mammutstern mit Klebearbeit: 23 breite Papierstreifen = Sterngröße 45 cm

Schritt-für-Schritt
Falzen Sie einen Bogen farbiges Tonpapier und schneiden Sie vier gleich breite Streifen von 1 cm Breite heraus. Legen Sie die Streifen aufeinander und schneiden sie an der offenen Seite schräg ab.
Jetzt setzen Sie diese – wie auf den Fotos abgebildet – nacheinander zu einem Stern zusammen. Bunte Sterne entstehen durch verschiedenfarbige Papierstreifen.

110 Die vier Streifen nebeneinander.

111 Die Streifen werden zunächst, wie hier gezeigt, ineinandergesteckt. Man nimmt den roten Streifen in die linke

109 Die drei gefalzten Streifen (unten) sind an der offenen Seite schräg abgeschnitten, ebenso der aufgeklappt gezeigte rote Streifen oben.

Hand – die gefalzte Seite zeigt dabei nach links –, legt den gelben Streifen darüber und dreht beide Seiten nach links weiter. Jetzt legt man den grünen Streifen über

den gelben, dreht weiter nach links und legt den letzten Streifen (orange) über den grünen Streifen und steckt ihn mit beiden Enden durch den roten Streifen.

112 Zusammengeschoben ergibt sich das Flechtmuster, wie es im Bild rechts zu sehen ist.

113 So sollte man die vier Streifen jetzt vor sich auf dem Tisch liegen haben.

115 ... legt die obere Hälfte des roten Streifens (nach links) über den gelben Streifen ...,

114 Man biegt die obere Hälfte des gelben Streifens (nach links) über das grüne Karo ...,

116 ... danach kommt der orange Streifen (nach rechts) über dem roten Streifen zu liegen. Jetzt kommt der grüne Streifen über den orangen ...,

117 ... und wird unter dem gelben Karo durchgesteckt.

118 So wie hier gezeigt, haben wir den völlig durchgesteckten Anfang des Sterns vor uns liegen. Um einen vollständigen Stern zu erhalten, brauchen wir die äußeren Spitzen.

120 Hier wird der gelbe Streifen zu einer Spitze gegengefalzt ...

119 Wir biegen nacheinander alle vier Streifen im rechten Winkel nach hinten um.

121 ... und auf sein Unterteil umgelegt.

122 Jetzt wird die Spitze des gelben Streifens ein wenig nach hinten gebogen und das kürzere Ende des Streifens durch das rote Karo gesteckt und durchgezogen.

123 Hier sieht man die erste fertige (gelbe) Spitze.

125 ... umgelegt und das Ende durch das orange Karo gezogen. Die beiden übrigen Spitzen werden genauso geformt.

124 Als nächstes wird der rote Streifen zur Spitze geformt ...,

126 Hier sieht man unseren Stern mit den ersten vier durchgesteckten Spitzen.

127 Jetzt dreht man den Stern auf die andere Seite ...

128 ... und formt die nächsten vier Spitzen in gleicher Weise: Die vier Streifen werden im rechten Winkel umgebogen (vergleiche Abb. 119).

130 Gerade wird die zweite grüne Spitze durchgezogen.

129 Der rote Streifen wird zur Spitze geformt, umgeklappt und durchgezogen.

131 Um den Stern auch oben und unten mit Spitzen zu versehen, drehen wir ihn um. Der orange Streifen wird zuerst nach hinten gebogen, dann in den Schlitz unter den grünen Streifen geschoben, so daß er aus der grünen Spitze herausschaut. Nur eine kurze Schlaufe bilden!

132 Zu sehen ist der gleiche Vorgang mit dem grünen Streifen, der aus der gelben Spitze herauskommen muß.

133 Jetzt sind alle vier Streifen eingesteckt.

135 Der gleiche Vorgang findet auf der Rückseite des Sternes statt.

134 Die Streifen werden alle durchgezogen und zu schönen »Himmel-und-Hölle«-Spitzen geformt.

136 Zuletzt sind alle acht Spitzen der Sterne durchgezogen. Die überstehenden Streifen werden mit der Schere abgeschnitten.

Zu Seite 55
137 Ein hübsches Sortiment vielfarbiger Papiersterne: Die Spitzen der Streifen wurden in unterschiedlicher Art und Weise abgeschnitten.

AUSGEFÜHRTE ARBEITEN

138 Der Einband der Fotomappe harmoniert sehr schön mit dem Postkarten-Motiv und dessen Passepartout-Karton.

139 Fotoalben mit unterschiedlichen Überzugpapieren.

140 Diese kleinen bunten Büchlein sind genau das Richtige für »verspielte Naturen« und lassen sich vielseitig verwenden.

141 Auch ohne diese sehr fotogene spiralförmige Anordnung haben die Umschläge farbiger Notizbücher im Bücherregal ihre ganz eigene Dynamik.

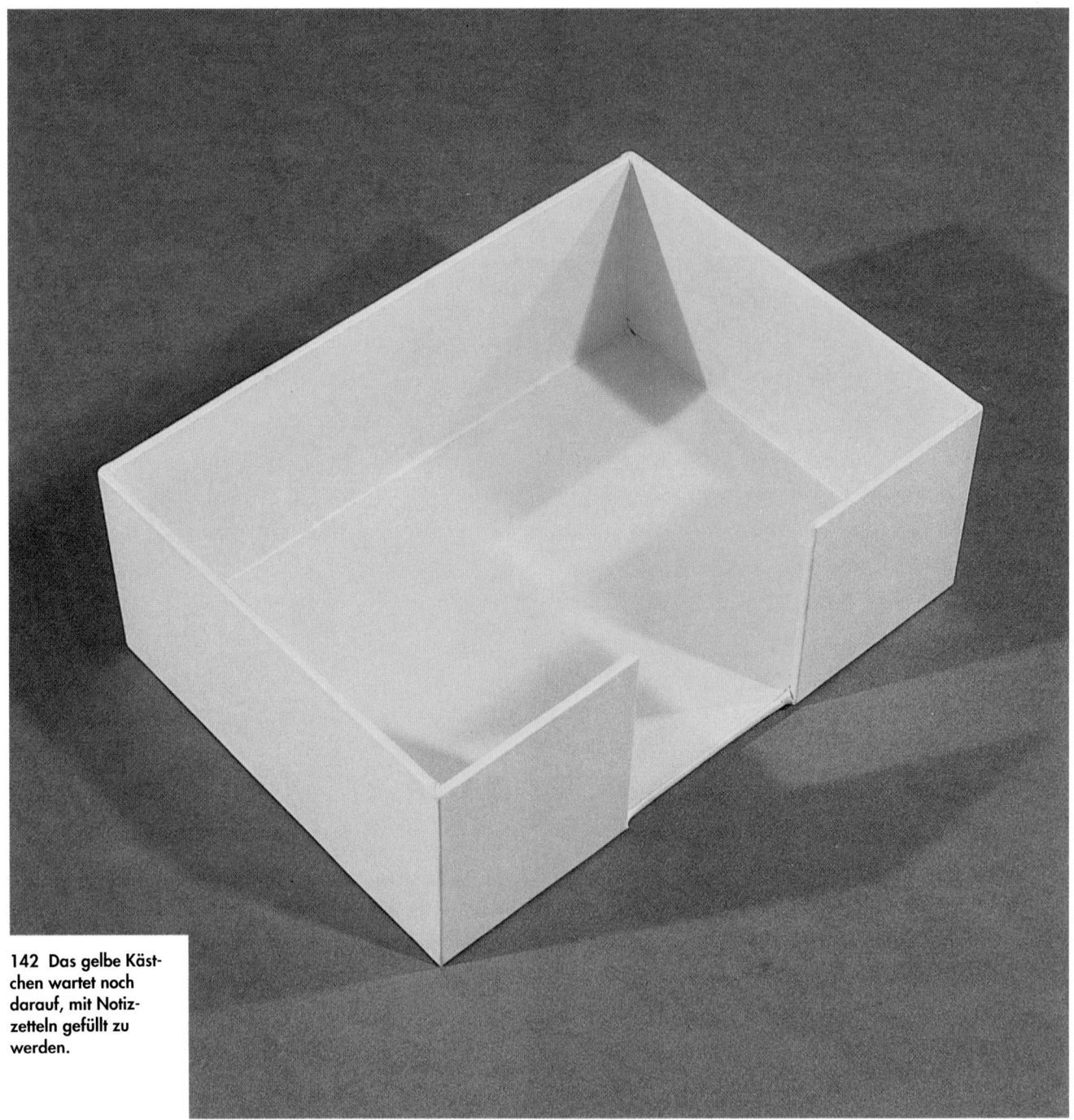

142 Das gelbe Kästchen wartet noch darauf, mit Notizzetteln gefüllt zu werden.

143 Kassetten, mit buntem Marmorpapier geschmückt, sind unentbehrliche »Ordnungshelfer« für jeden Sammler.

144 Eine weitere Kassette zur Aufbewahrung von Briefen, Fotos oder anderem, überzogen mit einem hübschen Lilienpapier.

145 Fotoalbum, dessen Herstellung auf den Seiten 31 bis 34 beschrieben wird, ebenfalls mit Lilienpapier bezogen.

146 Ein Fotoalbum, das mit orangefarbenem Marmorpapier überzogen wurde.

147 Ein weiteres Beispiel für ein mit Marmorpapier bezogenes Fotoalbum.

148 Verschiedene farbige, selbst hergestellte Papiere, wie auf Seite 46 beschrieben.

149 Drei Bücher, die mit verschiedenen Papieren überzogen wurden.

150, 151, 152, 153
Vier Beispiele zeigen, wie vielfältig Notizbücher mit selbst gestalteten Papieren sein können; ob Sie sich nun Kartoffelstempel schnitzen oder Linoleum verwenden wollen, bleibt ganz Ihnen überlassen.

154, 155 Zwei Bücher mit weiteren, selbst hergestellten Überzugpapieren. Diese Bücher sind als Geschenk immer willkommen.

156 Leporello-Fotoalbum mit verschiedenen aufgeklebten Kunstkarten.

157 Papierumschläge für beschädigte Bücher geben einer Buchreihe ein neues Aussehen (Herstellung s. S. 47, 48). Hier bieten sich viele gestalterische Lösungen an. Auch Drucke können verwendet werden.

Die Neuen Creativen

Traudi Dwinger
Seidenmalerei. Accessoires. Tücher, Schals, Krawatten
Ideen, Techniken, Beispiele
72 Seiten mit 63 farbigen und 38 sw. Abbildungen. Gebunden.

Ulrike von Stokar
Malen auf Keramik
Techniken und Dekore
72 Seiten mit 79 farbigen und 41 sw. Abbildungen. Gebunden.

Margrit Marr-Hartmann
Porzellanmalerei. Gräser, Käfer, Schmetterlinge...
Ideen, Techniken, Beispiele
72 Seiten mit 63 farbigen und 38 sw. Abbildungen. Gebunden.

Uwe Geißler
Porzellanmalerei. Ranken, Kanten und Bordüren
Ideen, Techniken und Beispiele
72 Seiten mit 33 farbigen und 41 sw. Abbildungen. Gebunden.

Peter Stranghöner
Arbeiten mit Papier und Karton
Kästchen, Mappen, Bücher...
72 Seiten mit 104 farbigen und 54 sw. Abbildungen. Gebunden.

Erich Brüggemann
Einlegearbeiten in Holz Intarsien selbstgemacht
Ideen, Techniken, Beispiele
72 Seiten mit 47 farbigen und 29 sw. Abbildungen. Gebunden.

Callwey Verlag München